Déclarations d'amour

Pour lui dire Je t'aime

Patrick Huet

Tous droits de reproductions et d'adaptation
réservés pour tous pays.
Reproduction même partielle interdite

© 2009 Patrick HUET

Patrick Huet est l'auteur de ce recueil.
L'illustration de couverture appartient à la société Micro-Application qui en détient le copyright.

Dépôt légal : novembre 2009

Éditeur : Books on Demand GmbH, 12/14 rond-point des Champs Élysées, 75008 Paris, France. Impression : Books on Demand GmbH, Norderstedt, Allemagne

ISBN : 978-2-8106-0467-8

SOMMAIRE

À l'horloge d'un rêve	Page 7
Voudrais tu ?	Page 9
La douceur de tes doigts	Page 10
La plus belle aventure	Page 11
Il viendra une aurore	Page 12
Je t'aime mon amour	Page 13
Et tu ronronnes	Page 14
Les vitrines	Page 15
Mon amour pour toi	Page 16
Un océan de bonheur	Page 17
Mes matins	Page 19
Suppose	Page 20
Apprends-moi le bonheur	Page 21
Ces moments près de toi	Page 23
Au soupir de mes voeux	Page 24
D'étranges manières	Page 25
Une pluie de châtain	Page 26
Quand je vois	Page 27
Les regards	Page 28
L'errance des heures	Page 29
Là où brille le vent	Page 30

L'étoile de ma vie	Page 31
Si quelquefois...	Page 32
Un miroir de toi	Page 33
Nos coeurs amoureux	Page 34
Aux cahots de mon âme	Page 35
Le ballet de tes mains	Page 36
Les primeurs de l'été	Page 37
Un secret sur mon coeur	Page 38
Au vallon de mes doigts	Page 39
Dans tes rêves parfois	Page 40
Avec toi, inventer le futur	Page 41
Le sommeil de la nuit	Page 42
Le sais-tu	Page 43
Un signe de toi	Page 44
Les portes de mon coeur	Page 45
Un frisson de soleil	Page 46
À toi qui m'envoûtes	Page 47
Les accords de tes mots	Page 48
Les rives de l'amour	Page 49
Ta seule présence	Page 50
Une perle de nacre	Page 51
L'amour en écho	Page 52
Distiques d'amour	Page 53

À l'horloge d'un rêve

Il était un visage au jardin de mon coeur
Une esquisse fragile, un parfum de douceur
Qui avait déposé la couleur d'un espoir
Dans mes neuves années au berceau de mes soirs.

Les années s'étiraient à l'horloge d'un rêve
Étonnante passion qui jamais ne s'achève,
Avancer au chemin de la vie et de l'onde
Mais jamais se soumettre à l'étroit de ce monde.

Où allait se poser le baiser de tes mots
Quand le vol du soleil m'invitait au repos ?
Et quand il m'annonçait un futur à venir
Dans l'ombre naissante d'un léger souvenir.

Nouant notre passé au plus lent des détours
Le destin a fini par lier nos parcours
Et la brume épaisse qui voilait mon regard
Déchira son écran au détour d'un hasard.

Aux frontières du soir, tu m'offris en cadeau
Un éclat de tendresse, un sourire si beau
Et je garde en mon coeur cette étoile d'amour
Où scintille ton nom dans le feu de mes jours.

Une heure près de toi

Une heure près de toi – du soleil pour un jour.
Et ta voix m'éblouit pour toujours mon amour.

Voudrais-tu ?

Toi qui es mon reflet, mon matin de soleil
Toi es cette aurore éclairant mon éveil
Voudrais-tu continuer à teindre l'horizon
Dans le rose éclatant de chaque autre saison ?

Toi qui es ce parfum palpitant de couleurs
Toi qui es cet azur de si tendres saveurs
Voudrais-tu prolonger dans le fil de mes jours
Ces effluves dorés qui m'enivrent toujours ?

Toi qui es l'étincelle irisant mes journées
Toi qui es cette flamme aux lueurs étoilées
Voudrais-tu inviter la chaleur de tes mots
Au foyer de ma vie, de mes rêves en flots ?

Voudrais-tu épouser mes matins pour toujours
Voudrais-tu m'épouser, ma chérie, mon amour ?

La douceur de tes doigts

Incendie de mes heures,
Tous tes gestes déploient
Des subtiles saveurs
Des langueurs qui me noient.

Des lambeaux de mon coeur
Accrochés à tes doigts
Rêvent de ta chaleur
Dans les nuits qui se ploient.

Tes cheveux sont douceurs
Comme un feu qui s'accroît
En brumeuses lueurs
En torrents qui mouvoient.

Ils me laissent piaffeur

Chaque fois loin de toi

À bercer les lenteurs

De nos jeux d'autrefois.

La plus belle aventure

La plus belle aventure est ce tendre parcours

Où chemine ton coeur sur le fil de l'amour

Ce sentier merveilleux dont l'écrin de velours

Déroule sur tes pas le parfum des beaux jours.

Il viendra une aurore

Au berceau de la vie, il viendra une aurore

Où nos coeurs chériront un bien tendre trésor

Ce jour-là je pourrais te dire ma chérie

Je t'aime plus fort que chaque été réuni.

A l'encre de ton amour

Tu écris ma vie à l'encre de ton amour
J'écrirai la tienne à l'encre de mes jours.

Je t'aime mon amour

Je t'aime mon amour chaque instant de ma vie
Tu es une comète aux rayons d'incendie
Qui embrasent mon coeur en des lames de feu
Pressent sur mes lèvres la folie d'un aveu.

Tu es dans mes pensées et dans tous mes soupirs
Au sein de mes rêves et de tous mes désirs
Pas un seul crépuscule en l'absence de toi
Pas un seul petit jour sans image de toi.

Tu es là mon amour dans l'empreinte du vent
Et je t'aime si fort qu'il emporte le temps.

Et tu ronronnes...

Quand le jardin se teinte à l'aube de rosée

Tu es déjà tout un refrain sur mes pensées

Et tu ronronnes sur l'effluve de mes rêves

Pour mieux bondir dans les ocres du jour qui lève.

Puis tu t'étends sur la traverse de mon coeur

Les yeux mi-clos juste à l'affût du temps qui court.

La nuit tombée, quand de chahuts, je suis à court

Tu viens m'offrir, gracieux félin, tout ton bonheur.

Les vitrines

Les vitrines souvent brasillent à se choir
Quand tu vas promenant sans souci de déchoir
Car si belle tu es que jamais la poussière
Ne peut même pâlir ton allure princière.

Une miette de boue, d'aventure, à tes bas
Se transforme aussitôt en pépite grenat
Une tache de fruit par mégarde à ta manche
S'en devient médaillon et alors t'endimanche.

Pas un simple débris ne pourrait subsister
Si la brise à ton col le faisait projeter
Car tu es si radieuse que tout ce qui t'approche
Prend la même beauté qui, de toi, se ricoche.

Mon amour pour toi

À une autre que toi, je ne peux réfléchir

Tu es comme le vent qu'on ne peut retenir

Comme l'espérance que je voudrais t'offrir.

Rarement tu le sais, je te parle de moi

Alors, je voudrais pour un moment que ma voix

Colore à jamais tout l'amour que j'ai pour toi.

Un océan de bonheur

Ta présence incarne la passion de l'amour
Le bleu clair de juillet sur la mer sans contour
Ils reflètent parfois les vagues impétueuses
Chargées de mystères mais si fort chaleureuses.

Tu as fait de ma vie l'océan du bonheur
Où se peint ton visage aux fins traits enjôleurs.
Et chacun de tes gestes pâmés de candeurs
Agite sans un bruit le vaisseau de mon coeur.

Quand tu vogues au-delà du cap de mes yeux
Ton image se noue encor plus à mes cieux
Elle flotte au-devant du palais de mon âme
Un drapeau langoureux au satin qui m'enflamme.

Tu m'as tout apporté, la joie, le sourire
Aujourd'hui, je voudrais simplement te le dire
Les jours avec toi sont des étés au long cours
Éclairés chaque instant sous un astre d'amour.

Pour toujours

L'été qui s'approche brillera pour toujours
Et dira que je t'aime à jamais mon amour.

Mes matins...

Mes matins se teintent de l'appel de tes yeux

Où ma vie éclabousse en des jours si heureux

Nimbés de ta musique en des bleus camaïeux.

Comme si tu peignais en un zeste d'humour

Au gré de ton pinceau une toile d'amour,

Le temps ploie et s'efface et ton simple sourire

Invite mon esprit à voguer en délire

Noué d'une émotion que toi seul peux écrire.

Suppose...

Suppose que le monde reflète tes yeux

Il tinterait tout comme eux d'un rire joyeux

Reviendraient des printemps saupoudrés de lumière

Aux folles mouvances des guirlandes de lierre

Et le chant des oiseaux baignerait les saisons

Liserant de leur trille un nouvel horizon.

Apprends-moi le bonheur

Apprends-moi le bonheur dans la flamme des jours
Les langueurs océanes aux rives d'amour.
Apprends-moi les rubis que la nuit évapore
Et la robe naissante du rose qui la dore

Apprends-moi le refrain que les ailes du vent
Emportent au-delà des étoiles d'argent.
Apprends-moi l'arc-en-ciel du reflet de tes yeux
Quand tu lèves sur moi un regard lumineux.

Apprends-moi les aubes et leur diapre en cadeau
Le velours de tes cils au battement nouveau.
Apprends-moi cette exquise caresse du coeur
Qui se pose en esquisse à la fibre des heures.

Apprends-moi ton entrain dans le soir qui décline

Ton espoir le matin quand la vie se dessine.

Je saurais retenir le cristal ravisseur

Quand me chantent tes lèvres au seuil du bonheur.

Je ne pense qu'à toi

J'adore ces instants où tu es près de moi

Et tout au long des jours, je ne pense qu'à toi.

Ces moments près de toi

Ces moments près de toi sont des temps de bonheur

J'ai trouvé en tes yeux des éclairs de chaleur

Une fée merveilleuse et, de grâce, enchantée

Tu es une fille qui ressemble à l'été.

Ta voix qui s'élève, en moi, résonne si fort

Elle a les accents et le charme d'un trésor

J'aime sa fantaisie, sa soif de tout savoir

Au murmure du vent révélant mon espoir.

Au soupir de mes voeux

Ne vois-tu pas que dans mon âme qui s'incline

Tressaille l'avenir que le vent te destine

À portée de tes mains si tu sais le saisir

Tandis que mes voeux se promènent en soupir.

Je t'aime si fort

Je t'aime si fort que tout le ciel de ma vie
S'est mué grâce à toi qu'un tableau d'harmonie

D'étranges manières

Un espiègle hasard, taquineur, nous mena

Sans que l'on s'y attende à croiser nos deux pas.

Ce n'était qu'un fragment de banale journée

Mais qui garde pour moi ta saveur dessinée.

Car la vie a parfois tant d'étranges manières

Elle ouvre des chemins palpitants de mystères

En nous offrant soudain l'incroyable surprise

De tisser le bonheur pour toute gourmandise.

Une pluie de châtain

Tu es comme un refrain sur l'arpège d'un rêve
Une pluie de châtain dont la flamme est trop brève,
Au détour des souhaits, quand ta mèche se lève
Ton visage s'attache et m'enrobe sans trêve.

La courbe de ta voix s'est inscrite en mes jours
S'est mêlée en mon coeur d'un essor sans retour
Et tes mots sont soleils, ils éclairent ma vie
Quand le temps se déplie dans sa course infinie.

Tu esquisses l'azur d'un stylet de pastel
Et le fou de mon âme en dessin irréel
Pour nacrer mes journées de câlines stupeurs
Du cachet de tes yeux vrombissant de bonheur.

Quand je vois

Quand je vois, le matin, le flambeau de tes yeux

Je sais que la journée, ce sera lumineux

Des parcelles de toi scintillant dans les rues

Poseront sur mon coeur des douceurs éperdues.

Pour un seul de tes mots

Pour un seul de tes mots que je guette et je glane
Plus rien n'a de valeur, je m'explose et je plane.

Les regards

Rien n'est plus beau que le halo de ton regard
Un oscillant mirage et un brin trop hagard
Sur la route du vent, on le croirait épris
De folles odyssées comme de mélodies.

Cillements mystérieux que je vois enhardis
Noyés dans la pénombre du seuil de la nuit
Et qui semblent tracer un tableau qui s'enfuit.

Mais il arrive parfois que dans la clarté
Fumeuse des lampes ton profil étonné
Tourne soudain vers moi deux éclats impatients
Habités de désirs et de lacets ardents.

Je me retourne alors en tremblant de la main
Séduit par le troublant de ton regard lointain.

L'errance des heures

Palpite à l'infini au sein de mes pensées

L'errance des heures, au ciel, abandonnées

Nectar de ton chant et celui de ton visage

Me laissant leur empreinte au secret d'un mirage.

Un havre de printemps

Même si tu vas loin, tu resteras longtemps
Dans le fond de mon coeur un havre de printemps.

Là où brille le vent

Aux frontières du sud, là où brille le vent

Où hésite la pluie et s'émiette le temps,

Il exulte un endroit aux criques alanguies.

Souviens-toi ces chemins, d'étincelles, bleuis

Et l'écho des vagues près des rives fleuries...

Tes regards ont vibré dans un voile infini

Pour étreindre le ciel d'un pays ébloui.

L'étoile de ma vie

Chaque instant que je vis, tu es comme une étoile
Palpitante icône que le ciel me dévoile icône
Mais toujours si présente et si proche de moi
Que ta seule clarté vient vibrer dans ma voix.

Tu sais tant écouter, de mes mots, la teneur
Même si je bafouille à l'orée de ton coeur
Ne sachant exprimer cette aura qui me noie
Quand je frôle des doigts le siège où tu t'assois.

Tu es comme une étoile et jamais je n'ai dit
Tous ces rêves secrets, cette flamme qui git
Et pourtant j'aimerais qu'au profond de tes soirs
Te parvienne le flot de mes brûlants espoirs.

Si quelquefois...

Si quelquefois mon regard s'emplit de soleil

Et qu'il se trouble sans raison dès mon éveil

C'est parce qu'il reflète une seule merveille...

.... Toi !

Un tison dans mon coeur

Ta beauté ne peut plus s'effacer de mon coeur
Elle y crée un tison qui m'embrase d'ardeur.

Un miroir de toi

Le soleil que l'on voit tout là-bas resplendir

N'est jamais qu'un miroir que tu vas embellir

Et quand la brise parfois caresse ta joue

Taquine tes cheveux et soudain les dénoue

On dirait qu'elle charme tes yeux de mystère

En chasse les nuées ou la larme éphémère.

La fragrance de l'aube s'invite en ton coeur

Et vient nous inonder d'averses de bonheur.

Nos coeurs amoureux

Chaque instant près de toi est empreint de ferveurs

De l'essence du vent frissonnant de senteurs

Nos deux coeurs amoureux qui se sont rencontrés

Ecriront nos journées d'un rose vanillé.

Quand je pense à tes mains

Oserais-je t'avouer que ma vie est en panne
Quand je pense à tes mains dans le jour qui se fane ?

Aux cahots de mon âme

Tes yeux foudres d'amour dans leur fleuve cambré

Échappés d'un écrin au satin mordoré

Ont vibré en réponse aux cahots de mon âme,

Tout un lac de serments à l'aura qui m'enflamme.

Un seul regard

Un seul de tes regards suffit à m'embellir
Car tu es le joyau qui sait tant m'éblouir.

Le ballet de tes mains

Mon amour,

Tu es une mer exaltante de beauté
Qui fait tanguer mon coeur dans son immensité
Où chacun des rouleaux bouleverse mon âme
Et l'ébranle au point que je me noie dans ta lame.

Au moindre mouvement de tes cils une vague
Me renverse en le flou d'un roulis qui divague
Je n'ai plus de soutien même pas un repère
Si ce n'est le brouillard d'un regard éphémère.

Je rêve cependant que ta lèvre me touche
Qu'un typhon me projette au socle de ta bouche
Nous emporte enfiévrés vers des mondes lointains
Dans l'unique vaisseau du ballet de tes mains.

Les primeurs de l'été

Les primeurs de l'été t'ont offert leur beauté
Pour que tu irradies tout au long de l'année
Et ces cheveux roulés qui taquinent ton dos
Ont le don de capter mon souffle sans repos.

Sur ta taille toujours, les habits sont parure
Ils te drapent si bien, soulignant ton allure
Que flamboie même au soir ta belle silhouette
Même au coeur de la nuit, même à l'ombre violette.

Et je reste muet quand vacille ta hanche
Quand te frôle la laine ou la soie du dimanche.
Que ne suis-je de lin pour ton buste épouser
Ou d'un luxe satin pour ton coeur embraser !

Un secret sur mon coeur

Pour moi tu resteras, des ongles aux paupières,

Posée tel un secret au sérail de mon coeur

Ton baiser sur ma joue est celui d'un bonheur

Qui brille dans ma vie aujourd'hui comme hier.

L'éclat de tes yeux

La lumière du jour brille moins que ton coeur
Que l'éclat de tes yeux à jamais enchanteurs.

Au vallon de mes doigts

Au clavier de mes mains, tes doigts sont des lutins
Se posant un moment puis sautant tout au loin
Hésitant, s'approchant, d'un élan trop fugace
Me touchant à nouveau, vite quittant la place.

Je les vois brasiller, si mouvants dans l'espace
S'élever pour écrire une ronde préface
Puis descendre et pointer vers l'écorce du sol
Comme s'ils désiraient devenir parasol.

J'aimerais follement qu'ils brisent leurs saccades
Qu'ils s'échouent au vallon de mes doigts en brigades
Que jamais, leur envol, ils s'en aillent reprendre
Mais qu'ils serrent ma main d'un amour à surprendre.

Dans tes rêves parfois

Dans tes rêves parfois, je voudrais y plonger
Pour mieux y découvrir tout ce bleu si léger
Cet été éternel qui voyage en tes jours
Et qui rend mes instants toujours ivres d'amour

Tu déploies un pays dont les plages dessinent
Des franges de saphir, des soleils qui s'inclinent
Juste pour épouser le sillon de tes pas
Et laisser à tes pieds un baiser délicat.

Tu chavires mon coeur

Tu chavires mon coeur en élans délicieux
Car tu possèdes l'art de me rendre amoureux.

Avec toi, inventer le futur

Il ne peut exister quelqu'un d'autre que toi
Plus fervente et charmante et si douce à la fois
Avec toi, je voudrais jusqu'au bout des années
Inventer le futur de nos deux destinées.

J'aime la symphonie qui émane de toi
Le salé ou sucré de tes lèvres parfois
Mais aussi ce bouquet d'arômes délicieux
Qui donnent à ma vie des accents merveilleux.

Car je t'aime si fort que rien d'autre ne compte
Que le temps près de toi, jamais je ne le dompte
L'avenir je le vois à ton bras pour toujours
Toi qui es mon unique enjôleuse d'amour.

Le sommeil de la nuit

Le sommeil de la nuit va souvent continuer
À planer sur tes cils sans jamais atténuer
Le volcan indocile embrasant tes iris
Me laissant espérer peut-être une oasis,

Un endroit fulgurant au cerceau de tes bras
De ton souffle brûlant incendiant tes appas
Une lave d'amour empreinte de folie
Dévalant l'insomnie de ton corps qui me lie.

Un signe d'amour

Chacun de tes gestes qu'il soit tendre ou nerveux
Est un signe d'amour qui me brûle d'aveux

Le sais-tu ?

Face à toi le printemps n'est qu'un pâle murmure
Il ne peut même pas approcher en peinture
Cette grâce insensée qui rayonne et palpite
Quand tu dresses ton front à l'ombre qui t'invite.

Tes cheveux vont alors en châtains les plus fous
Sur le bas de ton cou cascader en remous
Et leur chute embrumée de furtives lueurs
Aveugle ma vision d'enivrantes rousseurs.

Oui, pas même un printemps ne pourrait défroisser
Les pétales d'amour que l'hiver va plisser
Autant que ton sourire accroché simplement
À mon propre sourire en immuable serment.

Un signe de toi

Sur un signe de toi, j'irai voir si demain
Dans le pourpre du jour étendra son fusain
Pour donner à ta voix le rose du matin
Et le charme éthéré du plus tendre dessein.

En chacun de tes mots, je verrai s'écouler
La fièvre que les cygnes savent murmurer
D'un battement léger de leurs ailes si blanches
Sur la nacre d'espoir de mon coeur qui se flanche.

Un chariot d'amour

Rien ne peut cahoter sur la route aussi fort
Que le chariot d'amour dont tu es le ressort.

Les portes de mon coeur

Des portes de mon coeur, tu possèdes la clé
Ouvrant tout mon amour rien qu'à toi dédié
J'aimerais à mon tour déceler un accès
Au battant de ton âme scellée à l'excès.

Car tu es le soleil de mes jours de mes nuits
Tu peux tout traverser en silence ou en bruits
Tu peux tendre l'espace y semer des novae
Et moi tout héberger si s'imprime ton pas.

Des portes de mon coeur, tu possèdes la clé
Et j'espère qu'un jour tu viendras y loger.

Un frisson de soleil

Tu marches dans la vie en frôlant la planète
D'un frisson de soleil aux rayons que tu fêtes
Et chacun de tes pas va tracer une image
Qui ne peut refléter que partout ton visage.

Ta voix peut être forte ou un simple murmure
Mais toujours elle porte en elle pour vêture
L'étoffe d'une femme à jamais symbolique
Changeant mes souvenirs en mémoire angélique.

Mon coeur qui vacille

Quand s'enchaîne sans fin, de tes mots, l'engrenage
C'est mon coeur qui vacille en ses moindres rouages.

À toi qui m'envoûtes

Quand je plonge en tes yeux c'est toujours merveilleux
Car j'y vois mon reflet en rayons lumineux
C'est celui de l'amour que toujours tu me portes
Et le seul sentiment dans la vie qui m'importe.

Que ta voix se passionne, faiblit ou se voûte
Elle s'encre souvent qu'un rythme qui m'envoûte
Qui me fait chavirer quand j'entends ses échos.
Je t'aime mon amour en chacun de tes mots.

Rien ne peut me freiner

Il n'est pas de tournants qui peuvent me freiner
Quand tu signes ma joue d'un unique baiser.

Les accords de tes mots

Quand l'asphalte des rues fait croiser nos chemins
Il bondit des rubis ardeur en des rouges carmin
Mais lorsque tu t'en vas et t'éloignes de moi
Il ne me reste alors qu'un fragment de ta voix.

De tes mots, je voudrais goûter tous les accords
Les entendre chanter dans la brise du Nord
Ou glisser sur ta langue en charmant velouté
Ou encor crépiter de ton souffle entêté.

Je voudrais les entendre braver les hivers
Adoucir les étuves du brasier des enfers
Apaiser les orages ou gonfler des cyclones
Ou fendre le blizzard jusqu'au sein de leurs trônes.

Mais surtout, je voudrais qu'ils bruissent doucement
Que tu m'aimes très fort pour dernier argument.

Les rives de l'amour

Dans le fleuve du temps, il viendra naviguer
Une barque enchantée au sillage léger
Elle aura pour frontière les rives de l'amour
Là où s'aimantera ton visage un beau jour.

Ce rivage à venir courbera ses rochers
Pour laisser l'océan, à tes pieds, s'échouer
Caresser ta cheville en de blanches écumes
Une laisser une trace piquante de brumes.

Et tu m'inviteras à descendre l'esquif
Poseras que mon cou tes mains en pendentif
Je n'aurais plus alors aucune autre pensée
Qu'embrasser ton amour sur la mer empressée.

Ta seule présence

C'est toujours un éclair près de toi qui bondit
Qui sans même un geste chaque fois me séduit
Nul besoin de parler d'inventer des discours
Quand ta seule présence étincelle alentour.

Nul besoin que ta plume ambre des parchemins
Qu'elle assaille leur grain en déliés trop câlins
Ce qui va fulgurant des sources de tes mains
C'est un torrent secret qui me grise sans fin

Et ce flot me tournoie, me renverse en silence
Par la simple magie de ta seule présence.

Une perle de nacre

Un seul trait de lune suffit à t'embellir
Une perle de nacre impossible à saisir
Mais qui tant virevolte au frimas de mon coeur
Qu'il se flambe de toi et me rend voltigeur.

Rien vois-tu ne m'importe autant que de te voir
Au hasard d'une place ou du bord d'un trottoir
Et goûter quelques sons, quelques phrases de toi
Qui m'emplissent longtemps d'un si doux désarroi.

Peu importe le lieu, qu'il soit parc ou ruelle
Là où dansent tes pas je te sais la plus belle.

L'amour en écho

Il n'est pas de soleil aussi doux que celui
Qui enlace nos jours lorsque l'autre sourit
Et alors c'est le temps qui s'effrite en solo
Pour ne plus nous laisser que l'amour en écho.

Je souhaite avec toi vivre au bout des saisons
Car tu es dans ma vie la plus vive passion.

Toute l'existence

Près de toi les soucis n'ont jamais d'importance
Car tu es le pivot de toute l'existence

Distiques d'Amour

Un distique est un poème en deux vers.

Ils sont très courts. Vous pouvez donc les utiliser pour illustrer une carte ou pour envoyer un petit mot à l'élu (e) de votre coeur par téléphone.

Un SMS sans le langage SMS, mais juste celui de l'amour.

Vous trouverez un certain nombre de ces distiques parsemés au milieu des pages de ce recueil.

Ci-après, vous en relèverez d'autres. Des mots d'amour pour faire plaisir à celle (ou celui) que vous aimez.

Au vibrant de mon coeur

Au volant de ton char, toi l'étrange chauffeur
Tu transportes l'amour au vibrant de mon coeur.

Vers un même rivage

Près de toi, je vogue sur le fleuve du temps
Vers un même rivage aux couleurs du printemps.

Avec toi pour toujours

Je voudrais emprunter avec toi pour toujours
Le chemin de la vie toi mon unique amour.

L'écho de ma vie

Une ville où tes pas sont l'écho de ma vie
Se ravive à l'instant où tu viens et souris.

La falaise du temps

La falaise du temps n'est qu'un vague muret
Qui ne peut maintenir notre amour au secret.

Un murmure de toi

Le bruyant de la ville a beau rugir, tempêter
Un murmure de toi l'efface tout entier.

Toute l'existence

Près de toi les soucis n'ont jamais d'importance
Car tu es le pivot de toute l'existence

La même passion

J'aimerais que les jours s'écrivent pour nous deux
Dans la même passion de nos coeurs amoureux.

Le boxer d'un baiser

Tu boxes le monde sans jamais t'en soucier
Mais mon coeur, tu le boxes seulement d'un baiser.

Tout mon bonheur

Ta beauté ne peut plus s'échapper de mon coeur
Et en chaque matin tu es tout mon bonheur.

Les sentiers de mon coeur

Tu sais tous les chemins, les sentiers de mon coeur
Où tu viens promener tes pas de voyageur.

La piste des jours

Sur la piste des jours, toi, tu es un bolide
Qui traverse mon âme en chauffeur intrépide.

Du même auteur

Merveilles & Mystères.

Séquana la légende de la Seine

La série : Tomy le petit magicien.

Poupeline et le mystère des oeufs perdus.

Rousseline et les oeufs de Pâques.

Laetitia la petite sirène

L'égoutier qui voulait être roi

Descente de la Saône à pied, histoire d'un fleuve-trotteur.

Le Rhône au vers fil de l'eau.

Sur le chemin de l'aventure.

Coordonnées

Patrick HUET
73 rue Duquesne, 69006 Lyon
Site : **www.conte.patrickhuet.fr**